AF229099

LA DETTE PASSIVE

ESPAGNOLE

PARIS. — IMPRIMERIE DE J. CLAYE

RUE SAINT-BENOIT, 7

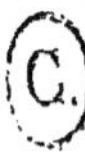

LA
DETTE PASSIVE
ESPAGNOLE.

1851-1862.

EXPOSÉ SOMMAIRE

DES FAITS ACCOMPLIS DÈS LE COMMENCEMENT DE JANVIER 1861

JUSQU'A CE JOUR

PARIS

CASTEL, LIBRAIRE-ÉDITEUR

PASSAGE DE L'OPÉRA

—

1862

LA

DETTE PASSIVE

ESPAGNOLE.

1851-1862

EXPOSÉ SOMMAIRE DES FAITS ACCOMPLIS
DÈS LE COMMENCEMENT DE JANVIER 1861 JUSQU'A CE JOUR

A la suite de longues négociations entre le Gouvernement espagnol et les représentants de tous ses créanciers nationaux et étrangers, M. Bravo Murillo, ministre des finances et président du Conseil des ministres, présenta au Congrès un projet de loi pour le règlement de la Dette.

Cette loi, votée le 1ᵉʳ août 1851, créa le 3 pour 100 actuel intérieur et extérieur, la différée et la passive.

Voici quels sont les articles de cette loi qui concernent plus spécialement la Dette passive.

Article 16. La Dette passive ne passera pas à la classe de rente perpétuelle consolidée ou différée, et on procédera, dès à présent, à son amortissement, destinant à cet effet :

1° Tous les biens, priviléges et droits appartenant à l'État, comme domaines directs ou biens adjugés par suite de déshérence ;

2° Les biens vagues et royaux, à la réalisation desquels il sera procédé sous les exceptions et en la forme qui sera établie par une loi spéciale qui sera soumise aux Cortès par le Gouvernement dans la présente législature ;

3° Le produit total de 20 pour 100 dont sont grevés en faveur de l'État les biens des Communes ;

4° Douze millions de réaux effectifs qui se consigneront annuellement dans le budget général des dépenses de l'État, dès le 1er juillet 1851, avec destination audit objet.

ARTICLE 17. Les biens mentionnés au paragraphe 1er de l'article 16 se vendront aux enchères publiques, et seront payés en argent effectif, 1/10 comptant et les 9 autres parts restantes par égales fractions en chacune des neuf années suivantes.

Le produit du 20 pour 100, dont sont grevés les biens communaux, sera versé intégralement à la Commission directrice de la Dette publique à partir du 1er juillet de l'année courante.

Les douze millions de réaux du paragraphe 4 de l'article 16 se remettront en espèces effectives par la Direction du Trésor à la Commission directrice de la Dette publique par mensualités égales, le premier jour de chaque mois à partir du 1er juillet 1851.

ARTICLE 18. Les sommes affectées par cette loi à l'amortissement de la Dette passive s'emploieront tous les mois en l'achat de ladite Dette, destinant la moitié à celle de 1re classe et l'autre moitié à celle de 2e classe.

ARTICLE 25. Tous les ans, le Gouvernement sera tenu, en présentant le budget, et lorsque la situation le permettra, de proposer l'augmentation des sommes affectées à l'amortissement, afin d'arriver à la plus prompte extinction des Dettes passives.

La Commission qui a élaboré cette loi de 1851 évalue ainsi qu'il suit, dans son rapport-exposé des motifs, les biens affectés aux Dettes passives.

Ceux désignés au § 1ᵉʳ de l'art. 16, à   R. 386,902,811
Ceux désignés au § 2. . . . . »   300,000,000
Ceux désignés au § 3. . . . . »   200,000,000

Total. . . . .   R. 886,902,811

Mais elle se hâte de faire observer qu'on peut raisonnablement compter sur une énorme plus-value et espérer que le prix d'adjudication s'élèvera à cinq fois la taxation.

Elle ajoute : *Pour concevoir cette espérance, nous nous fondons sur ce que les biens de la même nature que ceux aujourd'hui existants, vendus jusqu'à présent, ont atteint trois taxations.*

Ainsi, en ne tenant compte que de la plus-value *normale* de trois taxations, les **R. 886,902,811** devaient produire **R. 2,660,708,433** effectifs à verser successivement au fonds d'amortissement des Dettes passives, indépendamment des 12 millions annuels portés au budget.

Or, la vente de ces biens a commencé en 1856 ; des sommes considérables en provenant ont été versées dans les caisses de l'État ; mais, jusqu'à présent, aucune attribution n'en a été faite à l'amortissement des passives, contrairement au texte clair et précis de la loi.

En conséquence, et à la date du 28 janvier 1861, les principaux intéressés ont adressé la pétition suivante au Congrès des députés, au Sénat, au maréchal O'Donnell, président du Conseil, et au Ministre des finances :

Les soussignés, porteurs de la majeure partie des titres de la Dette amortissable de 2ᵉ classe extérieure, ont l'honneur de vous exposer respectueusement :

1° Qu'aux termes de la loi de 1851, une somme de 12 millions de réaux est inscrite chaque année au budget pour contribuer, concurremment avec les autres ressources spécialement affectées à cet objet, à l'extinction des Dettes amortissables ;

2° Que, d'après la répartition adoptée entre ces différentes Dettes, celle de 2ᵉ classe extérieure participe pour 3 millions de réaux à cette dotation ;

3° Qu'aux termes de l'article 25 de la loi précitée, le montant de cette allocation doit s'accroître proportionnellement à l'amélioration du budget;

4° Qu'indépendamment de cette allocation budgétaire, la même loi affecte au remboursement des Dettes amortissables :

A. Toutes les propriétés, priviléges et droits appartenant à l'État sur les biens en déshérence ;

B. Les terrains vagues de l'État ;

C. 20 pour 100 des revenus et du produit de la vente des biens communaux ;

5° Que la loi du 1ᵉʳ mai 1855, article 12, dispose :

« Les fonds provenant des ventes des biens nationaux seront « affectés dans la proportion de 50 pour 100 à l'amortissement de la « Dette publique consolidée *et des Dettes amortissables* de 1ʳᵉ et de « 2ᵉ classe sans préférence aucune ; »

Qu'il résulte d'une notification insérée dans les journaux par la Commission espagnole des finances résidant à Paris, qu'une somme importante provenant de la vente des biens nationaux est affectée ce mois-ci au remboursement de la dette consolidée.

Les soussignés, pleins de confiance dans la loyauté proverbiale de l'Espagne, viennent solliciter en leur faveur l'application complète de la loi, les 6 millions de réaux ajoutés jusqu'ici aux 12 millions inscrits au budget ne pouvant représenter que le revenu, et non le capital qui leur appartient, des ventes effectuées dès 1855.

Ils prennent la liberté de vous faire observer que leur position est digne de tout l'intérêt d'un pays jaloux à juste titre de sa bonne renommée; car, ne recevant aucun intérêt, l'amortissement est la seule voie par laquelle il leur est possible de recouvrer une partie de leur créance.

Ils viennent donc vous demander que la loi soit exécutée à leur égard, comme elle l'est pour les porteurs de la Dette consolidée, et que leur part des sommes provenant de la vente des biens nationaux, ainsi que des 20 pour 100 du produit des revenus de la vente des biens communaux, soit ajoutée aux 12 millions de réaux inscrits au budget et vienne ainsi augmenter la somme affectée mensuellement à l'extinction de la Dette amortissable de 2e classe extérieure.

Ils prennent aussi la liberté de vous faire observer que le mode d'exécution de cette loi ne leur paraît pas en harmonie avec l'intention du législateur, qui a été de créer un amortissement fonctionnant régulièrement et effectivement tous les mois jusqu'à extinction de la Dette; car dès le mois d'octobre dernier, les sommes affectées à l'amortissement n'ont pas été employées, ainsi que le constate l'avis de la Commission espagnole des finances à Paris, annonçant que ces sommes, maintenant accumulées, forment un total de 1,472,020 réaux.

L'Espagne comprendra; nous en avons la confiance, que ses créanciers étrangers ont les mêmes titres à sa bienveillance que ses nationaux. — Nous espérons que notre appel sera entendu et que la part qui nous est due par suite des ventes faites des biens nationaux, communaux, etc., élèvera l'amortissement mensuel de la passive extérieure de 2e classe au chiffre d'un million de réaux, chiffre que les calculs basés sur des documents officiels indiquent comme étant la satisfaction qui nous est légitimement due; ils invoquent à l'appui de cette demande l'article 14 de la loi du 1er mai 1855, ainsi conçu :

Article 14. — « La Junte directrice de la Dette publique fera ren- « trer tous les mois dans les caisses les fonds provenant du produit « des ventes, *et ne permettra dans aucun cas, et sous aucun prétexte,* « *quelle que soit l'autorité qui le tente,* qu'on détourne les fonds de « l'objet *sacré* auxquels ils sont destinés exclusivement. »

Les soussignés verraient avec plaisir que l'état de plus en plus prospère des finances espagnoles engageât le Ministre des finances à déférer au vœu exprimé dans la session actuelle des Cortès par la Commission de la Dette d'outre-mer et par des Députés lors de la discussion du budget, de présenter un projet de loi pour le règlement immédiat des Dettes amortissables.

Ils s'empresseraient de faciliter ce règlement pour ce qui les concerne, bien que, par le seul fait du jeu de l'amortissement et des ressources considérables dont il dispose et qui doivent s'accroître de jour en jour, le remboursement intégral de leur créance doive, selon leurs calculs, s'effectuer dans un temps très-limité.

En effet, d'après le tableau officiel de la Dette publique d'Espagne, nous voyons que la Dette amortissable de 2e classe extérieure dont le Grand-Livre est fermé, et qui ne peut par conséquent être augmentée, s'élevait à 647,192,000 réaux au 1er décembre 1859 ; ce total se trouve donc diminué de tous les remboursements effectués dès le premier décembre 1859 jusqu'à ce jour.

Si, en regard de ce chiffre de 647,192,000 réaux, on place les sommes spécialement affectées à la garantie de la Dette amortissable de 2e classe extérieure,

Savoir :

Le quart des 12 millions de réaux ·inscrits annuellement au budget,

Le quart des 20 pour 100 des biens communaux,

La part dans les 50 pour 100 des biens de l'État et du Clergé,

La somme qui doit être ajoutée aux 12 millions du budget par suite de l'accroissement des ressources de l'Espagne,

Les terrains vagues,

Les biens en déshérence,

On trouve que la garantie spécialement hypothéquée en faveur de la Dette amortissable assure aux porteurs dans un temps donné le remboursement au pair de leur créance.

Cette prévision ne peut pas surprendre le Gouvernement espagnol, puisque la Dette, sans intérêts, représente d'anciennes Dettes espagnoles qui avaient été réduites, et auxquelles le législateur, dans sa sagesse et son équité, avait voulu assurer des avantages de nature à compenser les sacrifices imposés anciennement aux créanciers de l'État.

Les soussignés, sans vouloir grever d'une manière exagérée le Trésor espagnol, attendent avec confiance une combinaison basée sur la justice, et dans laquelle ils trouveront une satisfaction légitime.

Ils ont l'honneur d'être, avec un profond respect, de Votre Excellence, les très-humbles et très-obéissants serviteurs.

Paris, le 18 Janvier 1861.

Cette pétition fut ensuite communiquée à la Chambre syndicale des agents de change de Paris et accompagnée de la lettre suivante :

MESSIEURS,

Nous avons l'honneur de placer sous vos yeux le texte d'une pétition déposée à Madrid le 24 janvier dernier entre les mains de Leurs Excellences le maréchal O'Donnell, président du Conseil des ministres, et Salaverria, ministre des finances, et sur le bureau du Sénat et du Congrès.

Ce document renferme un exposé sommaire de la situation faite aux porteurs de la Dette passive extérieure par la loi et le règlement de 1851, et par la loi de 1855, connue sous le nom de loi de désamortissement, et met en lumière deux faits principaux :

Le premier :

Que si, en échange de leur rente perpétuelle 5 pour 100 (dont le cours a atteint 75), les porteurs ont consenti à recevoir un titre *sans intérêt*, c'est que la promesse d'un remboursement intégral leur a été solennellement faite ; que, pour garantir cet engagement, une partie des biens communaux, nationaux, du Clergé, etc., a été hypothéquée à leur profit, et que la valeur des garanties affectées à la Dette passive est supérieure au montant de cette *Dette au pair* ;

Le second :

Que les intentions réparatrices du législateur, formellement et itérativement exprimées dans le texte même des lois de 1851 et 1855, ont été méconnues en ce sens que la totalité des sommes provenant des revenus et de la vente des biens attribués en garantie aux porteurs de la passive extérieure n'a pas reçu sa destination *sacrée* (*sic*), à savoir : *le remboursement mensuel de la Dette passive.*

Les Chambres espagnoles sont saisies de divers projets de loi qui, s'ils étaient adoptés, modifieraient notablement la position faite aux détenteurs de la Dette passive par les lois précitées, et changeraient la destination d'une partie du gage qui leur a été donné.

Les soussignés ne peuvent échapper à la préoccupation que fait naître l'inobservation des prescriptions de la loi et croient qu'il importe à la juste défense de leurs droits de vous soumettre les réflexions qui s'appliquent aux intérêts si nombreux engagés dans les valeurs espagnoles.

Lorsque vous avez ouvert la cote à terme aux fonds espagnols jusqu'alors privés de votre attache officielle, vous avez eu une heureuse prescience de l'essor qu'allaient prendre les affaires espagnoles sous l'impulsion intelligente des capitaux qu'un gouvernement stable, honnête et ami du progrès, appelait de tous les points de l'Europe à vivifier les richesses naturelles du pays.

Cette mesure a eu tout le succès qu'on devait en attendre ; par votre initiative, Paris est devenu le principal marché des valeurs espagnoles, et l'Espagne vous est en grande partie redevable de la rapidité avec laquelle son crédit public s'est relevé et de la facilité avec laquelle ont pu se créer presque simultanément les grandes entreprises de travaux publics et les établissements de crédit.

Il est évident que vous n'avez accordé votre patronage moral aux valeurs espagnoles qu'en vertu de la confiance que vous inspiraient l'honnêteté de son Gouvernement, les ressources sans cesse croissantes de son budget, l'exactitude qu'il avait apportée jusqu'alors à remplir ses engagements, et surtout la conviction que le Gouvernement espagnol, jaloux de réhabiliter son crédit, se hâterait de régler équitablement les Dettes sans intérêt pour échapper au reproche d'inhabileté que ferait naître une assimilation malveillante entre sa position et celle d'un débiteur revenu à bonne fortune cherchant à racheter sa dette à vil prix.

Les faits dont nous nous plaignons, et qui sont établis dans l'exposé qui précède, nous paraissent devoir attirer de votre part une sérieuse attention; car si les craintes que nous éprouvons devaient se réaliser, une atteinte profonde serait portée au crédit de l'Espagne.

Les détenteurs de la Dette passive sont de tous les créanciers de ce pays ceux qui ont le plus de droits à sa bienveillance, car ce sont ceux qui ont eu à supporter les plus grands sacrifices.

L'origine de cette Dette est, comme vous le savez, du 5 pour 100 espagnol qui valait, en 1834, F. 75, et qui, par le fait de la conversion, n'a reçu aucun intérêt pendant vingt-six ans.

Nous espérons, Messieurs, que vous voudrez bien accueillir avec sympathie l'expression de nos griefs, et décréter une mesure analogue à celle qu'a prise dans le temps le Stock-Exchange à Londres, en fermant le marché français aux valeurs espagnoles nouvelles, jusqu'à ce que justice nous soit rendue.

Vous jugerez, comme nous, Messieurs, qu'il ne s'agit point ici seulement d'intérêts particuliers, mais qu'une question d'intérêt général, bien autrement grave, s'agite dans ce débat. Les services que vous avez rendus à l'Espagne, la responsabilité morale qui résulte pour votre corporation de l'impulsion donnée aux placements sur valeurs espagnoles par leur admission à la cote, vous donnent qualité pour intervenir, et nous serons heureux, Messieurs, de placer nos intérêts sous votre bienveillante tutelle, persuadés qu'il vous suffira d'appeler l'attention du Gouvernement espagnol sur les conséquences qu'entraînerait infailliblement la négation de nos droits, pour obtenir une prompte et complète satisfaction.

Nous avons l'honneur, etc.

Mars 1861.

La Chambre syndicale des agents de change, dont la sollicitude avait déjà été éveillée par la notoriété du fait de l'inexécution de la loi de 1851, et dont les réclamations étaient demeurées sans réponse, prit un arrêté ajournant l'admission à la cote de toute valeur espagnole nouvelle, jusqu'à ce que la question soulevée eût reçu une solution.

Notification de cette mesure a été faite aux pétitionnaires

par une lettre adressée à l'un d'eux par M. le syndic des agents de change.

En voici la teneur :

Paris, le   avril 1861.

Monsieur,

Vous me demandez, par la lettre que vous m'avez fait l'honneur de m'écrire le 6 avril dernier, quelle suite la Chambre syndicale a donnée à la pétition qui lui a été remise, signée par vous et par divers porteurs de titres de la Dette passive extérieure espagnole.

Immédiatement après l'avoir reçue, et à la date du 14 février, j'ai, d'après les instructions de la Chambre syndicale, transmis cette pétition à M. l'ambassadeur d'Espagne, en le priant de vouloir bien la communiquer au Gouvernement de Sa Majesté Catholique. J'insistais en même temps sur l'intérêt sérieux que méritait cette réclamation, en lui faisant connaître que tant que la question soulevée n'aurait pas reçu de solution, la Chambre syndicale serait dans l'impossibilité d'admettre à la cote aucune valeur nouvelle du Gouvernement espagnol.

Antérieurement à cette communication, le 8 janvier de cette année, dans une lettre dont j'ai donné connaissance à M. le Ministre des affaires étrangères de France, j'avais déjà signalé à M. l'ambassadeur d'Espagne le défaut d'exécution de la loi qui a réglé les conditions d'amortissement de la Dette passive, et je lui demandais avec instance d'appeler l'attention de son Gouvernement sur cette situation.

Recevez, Monsieur, l'assurance de ma parfaite considération.

Le syndic de la Compagnie des Agents de change de Paris,

(Signé) C. Coin.

Notre pétition du 18 janvier fut l'objet d'un rapport de la Commission des pétitions dans la séance du Congrès du 16 mars 1861.

Plusieurs orateurs prirent la parole et notamment M. Madoz, ancien ministre des finances, auteur de la loi de 1855, connue sous le nom de *loi de desamortizacion*, qui, dans un discours dont voici la traduction authentique, constata d'une manière en quelque sorte officielle l'évidence de nos droits et le bien-fondé de nos réclamations.

DISCOURS DE M. MADOZ

M. Madoz, après avoir déclaré que le Gouvernement ne devait se laisser influencer par aucune espèce de menaces, continue ainsi :

« Nous avons fait un règlement de la Dette, et je serais fort aise
« qu'il y eût dans cette salle quelqu'un qui, comme moi, ait assisté
« tous les jours, tous absolument, sans en excepter un seul, à ces
« discussions importantes et prolongées, comme je l'ai fait. Nous
« avons alors commis une erreur grave, et c'est parce que nous
« l'avons commise que nous venons aujourd'hui donner des conseils
« au Ministre des finances, qui ne veut pas les entendre, parce que
« jamais l'on n'écoute les conseils de l'opposition. Que le Ministre
« se le rappelle, M. Gonzalez de La Vega et moi, n'avons-nous pas
« appelé son attention sur la nécessité de s'occuper sérieusement
« de la Dette amortissable de première et de deuxième classe?

« Il faut, Messieurs, que vous sachiez une chose très-importante :
« lorsque dans la Commission des Cortès, puis dans la longue dis-
« cussion qui a eu lieu ici et à laquelle la minorité progressiste a
« pris certainement une très-vive part, il s'est agi de déterminer
« quels étaient les crédits qui seraient attribués à la Dette consolidée,
« et ceux que l'on affecterait à la Dette amortissable de première
« et de seconde classe, il y eut alors, comme on devait bien s'y
« attendre, une grande lutte d'intérêts. Bien des personnes crurent
« que leurs créances subissaient un préjudice notable en passant
« dans la catégorie de Dettes amortissables.

« Je regrette, comme je l'ai déjà dit, qu'il n'y ait ici personne qui
« ait été membre de la Commission. Je leur ai prédit mille et mille
« fois que nous commettions une grande faute économique, que
« nous aurions à la payer dans l'avenir, et déjà nous la payons, en
« donnant des garanties à la Dette amortissable. Que le Congrès ne
« se scandalise pas ; mais M. le Ministre des finances mettait cette
« classe de Dettes dans des conditions bien plus avantageuses que
« la Dette consolidée. Ceci est très-grave, Messieurs, et comme nous
« connaissions l'erreur qui était commise alors, cherchant à la répa-
« rer autant que possible, nous avons dit à M. le Ministre, et aujour-
« d'hui je le lui répète, non pas par esprit de parti, mais par le
« désir de concilier des intérêts qui paraissent opposés et de sauver
« une position qui peut, dans un temps donné, se trouver compro-
« mise : Que l'on fasse dans de bonnes conditions, en tenant compte
« des intérêts du pays, une conversion qui nous évite de graves
« ennuis et des pertes pour l'avenir. Ne vous irritez pas, Monsieur,
« je sais bien que nous ne sommes pas d'accord.

« Parlons franchement, Messieurs : a-t-on exécuté la loi de 1851
« et celle de 1855 dans toutes leurs parties? Oui?... Eh bien ! j'aime-
« rais bien mieux posséder des fonds amortissables que des fonds
« consolidés, parce que les premiers jouissent d'une garantie extra-
« ordinaire.

« Prévoyant que cela devait arriver ainsi, nous l'avons dit à
« M. le Ministre ; nous le lui avons dit de ce banc, et c'est pour-
« quoi nous désirons que l'on pense sérieusement à cette affaire,
« croyant, comme l'a fort bien dit mon honorable ami M. Fuentes,
« que le crédit est, surtout aujourd'hui, la grande richesse des
« nations ; certes, si l'on nous insulte, nous devons fermer la porte
« à tous ; si l'on nous menace, nous ne devons céder à personne ; si
« l'on veut nous intimider, nous n'avons pas non plus à céder ; le
« Gouvernement a des moyens pour y faire face : mais, je le répète,
« je prévois qu'il ne se passera pas beaucoup de temps, sans que
« l'on arrive à imaginer une combinaison pour résoudre le conflit
« qui résulte de la loi de 1851. Je regrette sincèrement que M. Gon-
« zalez de La Vega ne soit pas ici, je me suis souvent entretenu de
« cette affaire avec lui ; plus on ira et plus la complication augmen-

« tera. En 1851, on a affecté en premier lieu à l'amortissement tous
« les immeubles, domaines directs ou biens adjugés.

« Je n'accorde pas une grande importance à cette affectation ; et,
« en cela, je suis de l'avis de M. le Ministre des finances, car je
« crois qu'une telle question doit être discutée de bonne foi, avec
« la volonté de consulter et de défendre tous les intérêts publics.
« — En second lieu, on a affecté les terrains royaux et sans maître :
« ce n'est pas encore grand'chose, mais ce sera beaucoup dans notre
« pays. — En troisième lieu, le produit total des 20 pour 100. Le
« produit total, Messieurs!... — Je me rappelle avoir soumis à la
« Commission les données qui existaient alors pour fixer l'impor-
« tance de ce capital de 20 pour 100, ce que produirait la vente de
« ces biens.

« Il était admis en effet, à cette époque, que les biens propres
« des villes devaient être vendus. M. le Ministre sait qu'avant que
« je n'eusse été désamortisseur, M. Bravo Murillo l'avait été. On y
« affecta aussi 12 millions par an, et l'on promit même que si la
« position de notre Trésor s'améliorait, cette somme serait aug-
« mentée. Tout cela paraissait peu à la Commission. C'était là la
« crainte que j'avais, la crainte que nous n'eussions donné alors trop
« de garanties. — Quoi qu'il en soit, arrive 1855 : j'étais ministre
« des finances ; je présentai la loi de désamortissement sans rien
« dire sur la question actuelle ; mais le Congrès m'y fit songer.
« M. Sanchez Silva n'est pas ici, mais M. Canovas del Castillo et
« d'autres membres se souviendront qu'ils ont dit de ne pas oublier,
« en vendant les biens nationaux, les garanties que la loi du 1er août
« 1851 avait accordées aux Dettes amortissables de première et de
« deuxième classe.

« Cet amendement fut envoyé à la Commission ; j'y fus appelé,
« et on l'y discuta. La Commission et le Ministre des finances durent
« démontrer que la loi du 1er mai 1855 n'altérerait, sous aucun
« point de vue, les garanties qu'avaient les créanciers, d'après la
« loi du 1er août 1851 ; l'article fut adopté en maintenant intactes
« ces garanties.

« En 1856, j'étais président de commission ; on ne porta pas non
« plus préjudice à aucun droit ; on n'altéra pas les garanties que la

* *

« loi de 1855, se référant à celle du 1er août 1851, avait encore
« fortifiées.

« Voyant donc cela, ayant égard aux prix que produisaient les
« ventes des biens propres des villes et la valeur qu'acquéraient les
« propriétés en Espagne, valeur qui était indubitablement fabu-
« leuse; remarquant, dis-je, tout cela, nous donnâmes au Ministre
« des finances, non pas comme adversaires, non pas comme des
« personnes lui voulant du mal, mais en amis, un conseil que je
« vais répéter aujourd'hui.

« Ce conseil est, qu'en y mettant le temps voulu, en débattant
« bien la question, en tâchant de concilier tous les intérêts, sans
« tenir aucun compte des menaces, quelles qu'elles soient, l'on en
« vienne à une conversion. Je crois que, de la sorte, nous ne tombe-
« rons pas dans la mauvaise situation où nous devrons de plus en
« plus nous trouver à mesure que l'amortissement s'opérera. Car,
« je le répète, cette garantie est telle, que, comme M. le Ministre
« des finances l'a reconnu, si l'on met à exécution ce que les péti-
« tionnaires demandent, ces créanciers toucheront 100 pour 100;
« et je suis sûr que cela arrivera si l'on recule plus longtemps
« devant un règlement.

« Telle est donc la prière que j'adresse à M. le Ministre des
« finances, sans m'inquiéter en aucune façon que les portes des
« Bourses s'ouvrent ou se ferment. Bornons-nous à remplir nos
« engagements, et il me semble que, eu égard à la pénurie qui a si
« souvent assailli nos finances, aux bouleversements qui sont sur-
« venus dans ce pays, il me semble, dis-je, que nous les avons
« remplis aussi bien que la première nation venue, comme nous
« comptons bien aussi les remplir toujours; et l'on reconnaîtra
« bien, malgré les envieux et les calomniateurs qui ne méritent
« que le mépris, que la nation espagnole est un peuple noble et
« loyal, qui sait remplir ses promesses, qui sait céder à la persua-
« sion, mais qui sait aussi toujours résister aux menaces. »

Et, dans la même séance, M. Madoz a de nouveau pris
la parole et a dit :

« Après les rectifications faites par MM. Fuentes et Forgas sur la

« manière dont nous voudrions que l'on en vînt à une conver-
« sion, il ne me reste plus rien à dire. Le malheur est — et ceci je
« le dis pour M. Ardañaz — que l'on n'est pas d'accord sur les
« garanties et l'accomplissement de ces lois de 1851 et 1855. Du
« reste nous ne voulons pas, du moins moi , que l'on fasse absolu-
« ment aucun règlement sans le consentement et l'adhésion des
« intéressés. »

Le renvoi de notre pétition au Ministre des finances ayant
été voté par le Congrès, une délégation des pétitionnaires
se rendit à Madrid vers le milieu d'avril : elle eut plusieurs
conférences avec M. le Ministre des finances, lui exposa ora-
lement et par écrit ses réclamations; mais la session des
Cortès ayant été prématurément close, la solution de la
question s'est trouvée, par ce fait, forcément ajournée à la
session suivante.

En octobre 1861, le Congrès espagnol fut une seconde
fois saisi de nos réclamations par une pétition dont voici les
termes :

A Leurs Excellences

Messieurs les Députés au Congrès, à Madrid.

Les soussignés, porteurs d'une grande partie des titres de la Dette
amortissable extérieure de deuxième classe, ont l'honneur de vous
exposer respectueusement :

Qu'à la date du 18 janvier 1861 ils ont adressé aux Chambres
espagnoles une pétition à l'effet de leur signaler l'inexécution des
lois des 1er août 1851 et 1er mai 1855, en ce qui touche les Dettes
amortissables ;

Que, dans sa séance du 16 mars 1861, le Congrès a entendu le
rapport de la Commission chargée d'examiner cette pétition, et qu'à
la suite d'une discussion à laquelle a pris part un ancien Ministre

des finances, auteur de la loi de 1855, qui a constaté le bien-fondé de leurs réclamations, la Chambre, adoptant les conclusions de la Commission, a ordonné le renvoi de ladite pétition à S. E. M. le Ministre des finances ;

Que ce renvoi, qui, dans tous les pays constitutionnels, implique pour le Ministre l'obligation d'examiner la question, de donner satisfaction aux pétitionnaires, si leurs réclamations sont fondées, ou de motiver une fin de non-recevoir si elles ne le sont pas, n'a eu pour eux aucune de ces conséquences ;

Que la question n'a pas fait un pas et reste posée dans les mêmes termes que lorsqu'elle a été soumise à votre précédente session ;

En conséquence :

Les soussignés se voient dans l'obligation de solliciter de nouveau votre bienveillant appui pour obtenir la justice qui leur est due, et ils ont la confiance que cet appel sera entendu par les représentants de la nation espagnole.

En se référant à la pétition qu'ils ont eu l'honneur de vous soumettre le 18 janvier dernier, ils prendront la liberté d'ajouter :

Qu'à partir du mois de janvier, l'amortissement des Dettes extérieures *a cessé de fonctionner*. Ainsi que le constate l'avis publié par la Commission espagnole des finances à Paris, la somme à employer pour fin octobre s'élève à 3,870,872 réaux ; l'allocation mensuelle n'étant que de 375,000 réaux, il en résulte que *l'amortissement a été suspendu pendant dix mois.* Cependant l'article 18 de la loi du 1er août 1851 dit que les sommes affectées à l'amortissement *s'emploieront tous les mois ;*

Que les ventes de biens mentionnés au § 1er de l'article 16 de la loi de 1851 et spécialement affectés aux amortissables, s'élèvent à 100 millions de réaux environ, et que cette somme doit être versée à l'amortissement ;

Que les ventes des *propios,* § 3, article 16, s'élèvent à 1,200 millions de réaux, dont le 20 pour 100 est de 240 millions de réaux, et que cette somme doit être versée à l'amortissement ;

Que l'opinion que les dettes amortissables n'ont droit qu'au revenu et non au capital du 20 pour 100 de ces biens ne supporte pas la discussion :

1° Parce que les auteurs de la loi reconnaissent que c'est bien le capital et non le revenu que le Congrès de 1851 a voulu et entendu leur attribuer;

2° Parce que si ce n'était que le revenu, qui, en 1851, était évalué à 6 millions de réaux, le Congrès aurait purement et simplement fixé à 18 millions, au lieu de 12, le montant de l'allocation budgétaire annuelle, et supprimé le § 3 de l'article 16 qui, dans cette hypothèse, est un non-sens;

3° Parce qu'en 1851 la Dette s'élevait à 5 milliards, — qu'avec les 18 millions de l'amortissement il aurait fallu deux cent soixante-quinze ans pour éteindre la Dette, — et qu'un semblable règlement aurait été tellement dérisoire, que ce serait faire injure à la nation espagnole que de supposer que ses représentants aient pu avoir cette pensée;

Que la loi de 1851 est un contrat bilatéral entre l'Espagne et ses créanciers, et que ce contrat ne peut être modifié en aucune de ses parties sans le consentement de tous les intéressés;

Que, même en admettant pour un instant la base du droit au revenu et non au capital, les biens étant en partie vendus, une nouvelle hypothèque aurait dû leur être donnée et le revenu servi au taux des obligations de l'État, qui est de 6 pour 100, soit, sur 240 millions, 14,400,000 réaux au lieu de 6 millions;

Que les biens spécifiés au § 2 de l'article 16, n'ayant encore rien produit parce qu'ils n'ont pas été offerts à la vente, les soussignés sollicitent de votre pouvoir l'ordre de mise en vente de ces biens, qui leur sont exclusivement attribués.

Les soussignés, en terminant, éprouvent le besoin de protester contre le reproche qui leur a été fait, dans la séance du 16 mars 1861, de s'être écartés du respect qu'ils doivent aux représentants d'un grand peuple, reproche qui leur a été d'autant plus pénible qu'il n'a aucun fondement; alors, comme aujourd'hui, les soussignés étaient pleins de respect pour Vos Excellences et entièrement convaincus qu'il leur suffirait de faire un appel à votre loyauté et à votre justice pour obtenir ce qui leur est légitimement dû.

C'est dans ces respectueux sentiments qu'ils ont l'honneur de se dire, de Vos Excellences, les très-humbles et très-obéissants serviteurs.

Octobre 1861.

La même délégation retourna alors à Madrid.

Dans l'intervalle des sessions, la presse française et surtout la presse espagnole, par l'organe de ses représentants les plus accrédités, avaient examiné, étudié et discuté une à une toutes nos réclamations, et, se basant uniquement sur la loi et par des chiffres puisés aux sources officielles, avaient démontré l'évidence de nos droits.

Bien plus, l'auteur même du règlement de la Dette, le Ministre qui a fait la loi du 1er août 1851, M. Bravo Murillo, s'est hautement prononcé en notre faveur.

Tout ce que Madrid renferme de jurisconsultes éclairés et d'hommes éminents dans la finance, l'industrie et la politique, reconnaissent la légitimité de nos plaintes et appellent de leurs vœux un arrangement équitable qui mette un terme à un état de choses aussi nuisible à l'Espagne que préjudiciable aux intérêts de ses créanciers ; ils comprennent que cet axiome de jurisprudence : *On se doit à sa signature*, s'applique aux États comme aux individus, et que, de nos jours, le crédit public, comme le crédit des particuliers, se fonde, avant tout, sur le respect des engagements contractés.

Un fait non moins caractéristique de l'unanimité de l'opinion, c'est que notre cause a trouvé dans la presse ministérielle de Madrid des auxiliaires énergiques ; le journal *la Epoca*, entre autres, dans une remarquable série d'articles tendant à démontrer la nécessité de l'unification de la Dette espagnole, a insisté avec force sur la reconnaissance de nos droits qu'il regarde comme incontestables.

Les porteurs espagnols de la passive intérieure agissaient de leur côté et faisaient comme nous, au moyen d'une pétition, un appel à la justice des représentants de la nation.

Le 2 janvier 1862, M. le Ministre des finances réunit dans son cabinet les délégués étrangers et espagnols et leur exposa en substance :

« Qu'en ce qui touchait les biens désignés au § 1ᵉʳ de l'article 16 « de la loi du 1ᵉʳ août 1851, les ventes faites jusqu'à ce jour étaient « peu importantes, et que selon lui la valeur que nous leur attri- « buions lui paraissait singulièrement exagérée ;

« Qu'à l'égard de ceux mentionnés au § 2, sous la rubrique de « Biens vagues et royaux (baldios y realengos), le droit des Dettes « passives à la propriété de ces biens était indiscutable, mais que « leur délimitation et leur mise en vente présentaient des difficultés « telles, que le Gouvernement de la Reine, pour les éviter, *nous pro-* « *poserait un équivalent;*

« Que, sur le § 3, Biens communaux (propios de los pueblos), il « avait *consulté le Conseil d'État* et que, dès que ce Corps se serait « prononcé, *une décision serait prise;*

« Enfin, qu'en ce qui touchait l'augmentation de l'allocation bud- « gétaire annuelle, prévue et promise par l'article 25 de la loi du « 1ᵉʳ août 1851, il reconnaissait qu'en effet les recettes de l'État « *avaient doublé* pendant la période de 1851 à 1861, mais que, *les* « *dépenses ayant suivi la même progression,* il estimait qu'il n'y avait « pas lieu, quant à présent, à réaliser l'augmentation promise par « le législateur de 1851. »

Les intéressés maintinrent l'exactitude de l'évaluation faite, non par eux, mais par la Commission chargée de préparer le projet de loi, et basée d'ailleurs sur des documents émanant de l'administration.

Ils répondirent à l'ouverture qui leur était faite pour le rachat des biens vagues et royaux : « que le principe d'une compensation « équitable, d'un équivalent réel, ne devait, sans doute, rencontrer « aucune difficulté, et qu'on trouverait dans le travail de la Commis-

« sion législative de 1851 tous les éléments d'appréciation de la
« valeur de ces biens. »

En résumé, le Ministre fit remarquer :

« Que, sur les points principaux, nous étions à peu près d'accord ;
« que le Conseil d'État ne devait pas tarder à donner son avis sur
« la question qui lui était déférée, et que les questions en litige se-
« raient tranchées par les Cortès. »

La délégation des étrangers eut, dès lors, l'honneur de
voir plusieurs fois M. le Ministre, et elle put concevoir
l'espérance d'un prochain arrangement.

Elle reçut l'assurance formelle que, dorénavant, il serait
fixé deux types pour le rachat mensuel des passives : l'un,
pour l'intérieure, basé sur le cours moyen de la Bourse de
Madrid ; l'autre, pour l'extérieure, basé sur le cours moyen
de la Bourse de Paris, en tenant compte de la différence
entre le change fixe de 5 francs 40 centimes pour une piastre,
adopté pour tous les effets publics espagnols, et le change
réel de Paris sur Madrid qui oscille, généralement, entre
5 francs 20 et 5 francs 25 centimes, ainsi que des frais de
banque.

Dans la seconde quinzaine de janvier, le rapport (dic-
tamen) du Conseil d'État fut déposé.

Le 1er février notre pétition fut mise à l'ordre du jour du
Congrès des députés.

Trois orateurs, appartenant aux fractions ministérielle,
modérée et progressiste, MM. Polo, Forgas et Fuentes, prirent la parole et ne crurent pas devoir entamer une discussion au fond, les questions de droit leur paraissant unani-
mement tranchées en notre faveur ; ils se bornèrent à adju-

rer le gouvernement de faire droit à nos demandes d'une manière large et digne de la nation espagnole dont la bonne renommée pourrait avoir à souffrir des lenteurs apportées à l'exécution d'engagements formels.

M. le Ministre, en se justifiant des lenteurs qui étaient reprochées au Gouvernement par l'importance considérable des questions soulevées, reconnut qu'il était urgent d'en finir, et prit devant le Congrès l'engagement d'un prompt dénoûment.

Cependant, le 22 mars, les choses étant encore dans le *statu quo*, le tour de la pétition des porteurs Espagnols de passive intérieure arriva, et la question fut de nouveau introduite devant le Congrès.

Trois députés prirent tour à tour la parole, MM. le marquis de San Carlos, Garcia Gomez et Madoz, ancien Ministre des finances.

Tous, au nom de la dignité et de l'intérêt de la nation, insistèrent avec force sur la nécessité d'une prompte solution.

Ils montrèrent, par l'avilissement du cours des effets publics, l'inutilité des efforts faits par le pays pour relever son crédit et du sacrifice que l'Espagne s'était imposé dans le moment critique de la guerre du Maroc en payant sa dette à l'Angleterre; ils montrèrent les entreprises de chemins de fer complétement paralysées et le mouvement industriel, commercial et financier, arrêté par le refus de concours des capitaux étrangers, à bon droit alarmés d'un déni de justice que rien ne pouvait motiver.

M. le Ministre des finances, retenu chez lui par une indisposition, n'assistait pas à la séance.

Enfin, le 31 mars, M. le Ministre des finances déposa

sur le bureau du Congrès un projet de loi en deux articles ; l'un propose d'ajouter annuellement au fonds d'amortissement des Dettes passives 2 millions de réaux, pour tenir lieu de l'augmentation du revenu des biens communaux ; l'autre offre 4 millions de réaux, aussi annuellement, comme compensation des biens vagues et royaux (baldios y realengos), ce qui porterait à 24 millions de réaux la somme affectée annuellement à l'amortissement des Dettes passives.

Ce projet de loi a été renvoyé à l'examen d'une Commission de sept membres, sous la présidence de M. Madoz.

La nomination de M. Madoz nous paraît significative après les discours prononcés sur la question par cet homme d'État.

Cette Commission, animée du désir sincère d'arriver à un arrangement honorable pour l'Espagne et satisfaisant pour ses créanciers, a eu de fréquentes réunions ; les intéressés ont été entendus, et nous avons tout lieu d'espérer que les conclusions de son rapport, qui n'a pas pu être déposé avant la clôture de la session, feront droit, dans une large mesure, à nos légitimes réclamations.

On nous a assuré que le Gouvernement de Sa Majesté entendait demeurer neutre et s'en rapporter à la décision du Congrès.

Nous avons cru néanmoins qu'il nous était impossible de ne pas faire de réserves contre l'éventualité d'une modification du contrat de 1851, faite sans notre consentement.

En conséquence, et en vertu des pouvoirs spéciaux des principaux intéressés, il a été constaté par la pièce suivante, déposée au Congrès le 30 avril, que les porteurs étrangers, s'appuyant sur le texte même du préambule de la loi de 1851, regardaient cette loi comme un contrat bilatéral, auquel aucun changement ne pouvait être apporté, sans une entente préalable avec eux.

A Leurs Excellences M. le président et MM. les membres du Congrès des députés.

Le soussigné, au nom d'un grand nombre de porteurs étrangers de Dette amortissable de deuxième classe, qui, à cet effet, lui ont remis des pouvoirs spéciaux dont il est prêt à justifier,

A l'honneur de vous exposer très-respectueusement :

1º Que les titres qu'ils possèdent ont été créés par la loi du 1ᵉʳ août 1855 ;

2º Que l'exposé des motifs de cette loi renferme les remarquables passages qui suivent :

« Étant posés les principes du projet présenté maintenant, les-
« quels ressortent plus en détail et avec plus de précision dans les
« articles de ce projet, et qui sont très-longuement exposés dans
« les expositions précédant les projets antérieurs, et seront égale-
« ment développés et élucidés par la discussion,

« Il ne reste plus au Gouvernement à ajouter qu'une chose, c'est
« que la plus grande partie des intérêts au bout du terme indiqué,
« et aussi le sacrifice de la Dette non consolidée, trouveront leur
« compensation dans l'allégement procuré au Trésor pendant les
« premières années, dans l'acceptation que l'on doit espérer des
« créanciers nationaux et étrangers, dont l'opinion et les récréma-
« tions soutenues par leurs délégués ont été admises complétement
« sur quelques points, et sur d'autres autant qu'il a été possible de
« le faire ; enfin la compensation se trouvera encore dans l'hom-
« mage rendu par le Gouvernement à la justice, au rétablissement
« du crédit et à ce qu'exigent la bonne foi, la loyauté et l'honneur
« national.

« Il y a dans ce projet une base qui est supérieure à toutes, bien

« qu'elle ne se trouve littéralement exprimée dans aucun des articles
« du projet, et qui est la condition qui a rendu et rendra toutes les
« autres acceptables.

« Cette base consiste dans l'accomplissement solennel et religieux
« de tout ce que l'on *offre* dans cette loi qui devra toujours *être re-*
« *gardée* comme un *pacte sacré* de l'Espagne avec ses créanciers. »

C'est donc Son Excellence M. le président du Conseil des ministres
de Sa Majesté qui le constate, il y a un contrat, un pacte sacré entre
l'Espagne et ses créanciers.

3° Que l'article 16 concède et attribue exclusivement à l'extinction des Dettes amortissables :

A. Tous les biens de l'État disponibles ;

B. Les *baldios* et *realengos* qui devaient être mis immédiatement
en vente ;

C. Le produit total du 20 pour 100 des biens communaux ;

D. 12 millions de réaux annuellement alloués par le budget ;

4° Que l'article 25 renferme la promesse d'une augmentation ul-
térieure de l'allocation budgétaire ;

5° Que c'est en raison de l'importance considérable des biens ter-
ritoriaux qui leur étaient offerts, et dont la valeur était établie et
fixée par les calculs de la Junte chargée d'élaborer le projet de loi,
que les créanciers, ayant la certitude d'un remboursement prochain
et à des types élevés, ont consenti à échanger leurs titres originaires
contre un papier sans intérêts, exécutant ainsi le contrat proposé et
débattu et formant le lien de droit ;

6° Qu'ils se sont alors imposé un sacrifice considérable, les rentes
dont provenaient leurs titres ayant valu jadis 70 pour 100, et n'ayant
pas touché d'intérêts pendant nombre d'années ;

7° Que, dans l'exposé des motifs de la loi qui a été présentée au
Congrès le 31 mars dernier, il résulterait de l'analyse de l'article 16 de
la loi de 1851 cette anomalie, que les biens nationaux et du clergé,
dont le remploi se fait en rente 3 pour 100, se vendent à des prix
deux ou trois fois plus élevés que les évaluations de 1851, tandis
que les biens affectés aux amortissables auraient au contraire perdu
presque toute leur valeur, — le principal serait devenu l'accessoire,
et au lieu d'un accroissement proportionné à l'augmentation géné-

rale de la valeur de la propriété immobilière, les Dettes amortissables ne posséderaient en réalité que :

A. Des biens sans valeur,

B. Des biens dont la vente ne peut s'effectuer,

C. Au lieu du produit *total* des biens communaux, *une partie* seulement de leur revenu ;

Enfin que l'augmentation prévue par l'article 25 ne sera pas accordée malgré l'augmentation survenue dans les revenus de l'État qui ont doublé de 1851 à 1862 ;

8° Que cette interprétation de la loi de 1851 leur paraissant préjudiciable à leurs intérêts, et, de l'avis de jurisconsultes éminents, en désaccord aussi bien avec l'esprit qu'avec la lettre du pacte qui les régit, les intéressés susénoncés croient ne pas pouvoir se dispenser de soumettre respectueusement au Congrès des députés les réflexions qui précèdent, afin qu'il ne se fasse aucune modification à la loi de 1851, sans leur consentement.

Ce devoir rempli, ils ont hâte d'exprimer aux représentants de la nation espagnole leur ardent et sincère désir de se prêter à toutes les combinaisons qui pourraient amener l'heureux résultat d'une honorable transaction.

J'ai l'honneur d'être, Messieurs les Députés, avec un profond respect, votre très-humble serviteur.

Madrid, 30 avril 1862.

Vers la même époque, une pétition, signée par plusieurs Compagnies de chemins de fer espagnoles, appelait l'attention du Congrès sur la situation critique dans laquelle elles ne tarderaient pas à se trouver, si l'interdit qui leur fermait les marchés de Londres, Francfort, Amsterdam et Anvers, les frappait aussi sur le marché français, et conjurait les représentants du pays de mettre fin à un conflit qui pouvait porter un coup funeste au développement de la prospérité publique.

Elles adressèrent aussi au Ministre de Fomento (*travaux publics*) un mémoire dans le même sens.

On doit donc s'attendre à ce que la question des Dettes passives sera portée à l'ordre du jour du Congrès dès les premières séances de la prochaine session, et il sera utile de nous faire représenter à Madrid par une délégation munie des pouvoirs nécessaires pour la défense de nos intérêts.

Deux points principaux seront sans doute l'objet des négociations :

La question des biens communaux ;

La question des biens vagues et royaux (baldios y realengos).

Les biens communaux mis en vente s'élevaient, en 1859, à. . . . . R. 1,200,000,000
dont le 20 pour 100 est. . . . . . R.   240,000,000

Les ventes effectuées dès lors et celles restant à effectuer dépasseront 300 millions de réaux, ce qui en porterait le total à plus de . . . . R. 1,500,000,000
dont le 20 pour 100 est. . . . . R.   300,000,000

pour la part afférente aux Dettes passives.

Nous soutenons qu'aux termes de la loi, nous avons droit au produit total du 20 pour 100, soit 300 millions de réaux en capital, qui doivent être employés en achats de Dette passive.

Le Ministre soutient, au contraire, que nous n'avons droit qu'au revenu, et nous ne savons au moyen de quel calcul il arrive à trouver qu'une augmentation de 2 millions de réaux, joints aux 6 millions qui ont été affectés jusqu'ici, représente ce revenu.

Le Conseil d'État se prononce dans le sens du droit au revenu réel, c'est-à-dire que l'État *étant tenu au remploi* des sommes provenant des ventes, soit en titres de rente, soit en obligations de l'État qui produisent 6 pour 100, le fonds d'amortissement devrait, par conséquent, être augmenté, de ce chef, de 12 millions de réaux annuellement, et non de 2 millions, comme le propose le Ministre.

Quant aux biens vagues et royaux (baldios y realengos) qui, de l'aveu même du Ministre, appartiennent incontestablement aux Dettes passives, les preuves officielles de l'immensité de leur valeur actuelle abondent.

Pour s'en faire une idée, il suffit de consulter l'exposé des motifs de la loi du 1er août 1851 ; voici en quels termes s'exprimait la Commission :

« Dans l'impossibilité d'établir un calcul certain, et en tenant
« compte des usurpations qui ont pu avoir lieu par la suite du
« temps, par l'incurie administrative et l'effet des guerres et vicissi-
« tudes politiques, la valeur des terres vagues et royales s'élève
« néanmoins à une somme considérable, comme le prouverait seul
« l'état de dépopulation actuel de nos provinces de Castille, Manche,
« Estramadure et Andalousie, et comme l'atteste l'opinion de per-
« sonnes compétentes et pratiques en la matière.

« Et de plus, s'il n'y a pas de base fixe pour calculer ce capital et
« l'évaluer à **trois cent millions de réaux,** comme nous le fai-
« sons maintenant, il n'existe non plus aucune preuve, ni document,
« ni raison, ni indice quelconque pour combattre notre assertion,
« qui, au contraire, se trouve corroborée par l'appui d'une per-
« sonne qui à l'autorité de ses lumières joignait celle de sa position
« comme membre du Gouvernement.

« Dans son projet de loi pour le règlement de la Dette intérieure,

« en 1835, M. le comte de Toreno, qui aussi appliquait, quoique sur
« une moindre échelle, à cette dette le principe de l'amortissement,
« destinait à cet effet **la moitié** des biens vagues et royaux en
« l'évaluant à 600 millions de réaux.

« C'est donc une richesse évaluée en 1835 à douze cents millions
« de réaux, que nous faisons figurer aujourd'hui parmi les moyens
« d'amortissement, pour la valeur modérée et très-réduite de trois
« cents millions. »

Voici maintenant un document émané de l'Administration, en date du 12 mars 1851, et qui figure sous le nu-
méro 20 dans le *Recueil officiel* des documents relatifs au
règlement de la Dette publique :

*Junta (conseil) des inspecteurs du corps de l'administration
civile.*

« Conformément à l'ordre royal en date du 9 courant, nous
« adressons à Votre Excellence les états, par provinces et circon-
« scriptions, des biens vagues et royaux délimités jusqu'à ce jour,
« comme appartenant à l'État, avec l'estimation de leur valeur en
« vente et de leur produit en revenus.

« Pour que vous puissiez, ainsi que le Ministre des finances et
« les Députés qui composent la Commission, vous former une opi-
« nion approximative de ce qu'on peut espérer de la valeur des
« *baldios* qui pourront être délimités comme appartenant à l'État,
« ce Conseil croit devoir vous rappeler qu'en mars et septem-
« bre 1798, comme calcul approximatif, les terrains vagues et
« incultes s'élevaient à la *quantité énorme* de vingt millions de fane-
« gas (onze millions d'hectares), ainsi que cela résultait du dossier
« général des *baldios,* réuni dans les archives du suprême Conseil de
« Castille, lequel dossier avait été formé en vue de l'extinction de
« la Dette.

« Les vicissitudes par lesquelles la nation a passé pendant les cin-
« quante-trois années écoulées ont sans doute modifié considérable-
« ment les conditions de ces terrains, soit par beaucoup de ventes

« qui se sont faites, soit par les usurpations impossibles à vérifier,
« soit par les donations qui ont aussi été faites de quelques-uns;
« mais le Conseil croit que si les différentes mesures qu'il a propo-
« sées à Vos Excellences sont adoptées, et si une vérification est
« faite conformément aux enquêtes préparées, une très-grande par-
« tie de ces biens pourra alors être cadastrée et appropriée à la
« ven te ou à la culture. »

Ainsi donc les biens vagues et royaux, qui formaient une masse de *onze millions d'hectares,* ont pu être dans de certaines localités usurpés en partie; mais, de l'aveu officiel du corps le plus compétent de l'Administration, la plus grande partie existe encore comme domaine de l'État, ce qui démontre la réalité de l'estimation qu'en avait faite, en 1835, M. le comte de Toreno, et prouve combien la Commission de 1851 avait raison de fixer le chiffre de 300 millions *comme un minimum* sur la réalisation duquel les porteurs des Dettes passives devaient être assurés de n'éprouver aucun mécompte.

Il nous paraîtrait donc utile de persister dans la ligne de conduite adoptée dès l'origine et de nous borner à demander l'exécution pure et simple, mais entière et complète, du contrat de 1851; car les obstacles qui, d'après le gouvernement espagnol, s'opposent à la mise en vente des terrains baldios ne sont nullement démontrés, et nous ne comprenons pas comment ce qui était facile, au dire du législateur de 1851 et d'après l'avis des hommes spéciaux, présenterait aujourd'hui des difficultés insurmontables; cependant nous ne repoussons pas le principe d'une compensation dont les bases se trouvent tout naturellement indiquées dans l'exposé des motifs de la loi de 1851.

Nous allons, en terminant, esquisser à grands traits la situation des Dettes passives.

Après le vote de la loi du 1ᵉʳ août 1851, la Dette passive intérieure et extérieure s'élevait, en chiffres ronds, à 5 milliards de réaux.

Aujourd'hui, il ne reste en circulation que 1 milliard de réaux.

Le fonds d'amortissement se compose annuellement de

R. 12,000,000 allocation budgétaire,

   6,000,000 produit des biens communaux.

R. 18,000,000

C'est avec cette dotation annuelle de 18 millions de réaux que l'amortissement a fonctionné à partir de 1851 jusqu'à ce jour.

NOUS RÉCLAMONS :

1° R. 179,875,616 valeur des biens affectés par le § 1ᵉʳ de l'article 16 de la loi de 1851 ;

2° R. 300,000,000 valeur des biens vagues et royaux, § 2 de l'article 16 ;

3° R. 300,000,000 produit total du 20 pour 100 des biens communaux, § 3 de l'article 16.

R. 779,875,616 *en capital.*

Et subsidiairement, dans le cas où la question du droit au capital des biens communaux serait résolue contre nous, dans le sens du droit au revenu :

R. 12,000,000 allocation budgétaire;
18,000,000 revenu du capital de 300 millions, placé
en rente ou en obligations de l'État.

R. 30,000,000 *amortissement annuel* jusqu'à extinction
totale de la Dette;

et R. 179,875,616 § 1ᵉʳ de l'article 16 de la loi de 1851;
300,000,000 § 2   »   »   »   »

R. 479,875,616 *en capital, à employer, indépendamment
des 30 millions annuels, en achats de
Dette passive.*

On voit, par ces chiffres, quelle est l'*immensité du préjudice* causé aux porteurs des Dettes passives par l'*inexécution de la loi*, et on comprend que M. Madoz était fondé à
dire, dans la séance du Congrès du 16 mars 1861, que, *si
la loi de 1851 était exécutée, il préférerait la Dette passive
à la Dette consolidée.*

Cette opinion n'a rien de paradoxal, et c'est encore le
rapport de la Commission de 1851 qui va nous fournir la
démonstration.

En 1851, les différentes dettes réunies sous la dénomi-
nation de *passives* formaient ensemble un total de 5 milliards de réaux.

La Commission démontre que cette énorme Dette doit être
remboursée en *dix ans* au moyen des

R.   886,000,000 provenant de la vente des biens affectés
à cet objet, et

120,000,000 fournis par le Trésor en dix annuités
de 12 millions de réaux.

R. 1,006,000,000

Ainsi la Commission, invariablement attachée au principe du remboursement intégral de la Dette passive dans le plus bref délai, assurait l'exécution de cette opération dans une période de dix ans, et déterminait les délégués des créanciers à consentir à une novation de créance, en leur démontrant qu'en acceptant, au lieu d'un titre de rente, un titre sans intérêts, ce sacrifice apparent était largement compensé par la perspective d'un remboursement assuré, au cours moyen de 55, puisqu'elle établissait dans son rapport que les biens vendus jusqu'alors avaient produit· à l'enchère trois fois la taxation.

Or, ces prévisións se sont réalisées pour ceux de ces biens-fonds qui ont été vendus à partir de 1855, et notamment pour les biens communaux.

On sait que les biens de l'Église, des corporations civiles et religieuses, ainsi que ceux appartenant aux Dettes passives, ont été mis en vente en vertu de la loi du 1ᵉʳ mai 1855, connue sous le nom de *loi de desamortizacion,* et que ces ventes, suspendues en 1857, ont recommencé et se poursuivent sans interruption dès l'année 1859.

On sait que cette loi de 1855 est l'œuvre de M. Madoz, alors Ministre des finances et que, loin d'altérer en quoi que ce soit le contrat de 1851, elle lui a donné une consécration nouvelle, et c'est M. Madoz lui-même qui le déclare :

« Arrive 1855 : j'étais Ministre des finances; je présentai la loi de
« désamortissement sans rien dire sur la question actuelle ; mais
« le Congrès m'y fit songer. M. Sanchez Silva n'est pas ici; mais
« M. Canovas del Castillo et d'autres membres se souviendront
« qu'ils ont dit de ne pas oublier, en vendant les biens nationaux,
« les garanties que la loi du 1ᵉʳ août 1851 avait accordées aux
« Dettes amortissables de 1ʳᵉ et de 2ᵐᵉ classe.

« Cet amendement fut envoyé à la Commission ; j'y fus appelé
« et on l'y discuta. La Commission et le Ministre des finances
« durent démontrer que la loi du 1er mai 1855 n'altérerait sous
« aucun point de vue les garanties qu'avaient les créanciers d'après
« la loi du 1er août 1851; l'article fut adopté en maintenant intactes
« ces garanties. »

(*Extrait du discours, cité plus haut, de M. Madoz au Congrès des
députés, séance du 16 mars 1861.*)

De 1851 à 1855, l'amortissement a fonctionné sur des
cours tels que le Gouvernement a pu racheter à 4,50 pour
100 (adjudication d'avril 1855); ces bas cours s'expli-
quaient par l'énormité de la Dette, relativement à un amortissement annuel limité à 18 millions de réaux, aussi longtemps que les biens affectés à l'augmentation de ce fonds
d'amortissement n'étaient pas mis en vente.

La vente ayant commencé à partir de 1856, les ressources
de l'amortissement auraient dû s'accroître considérable-
ment, mais les prescriptions de la loi ont été méconnues, et
par conséquent l'Administration a pu continuer à racheter la
Dette passive à des cours tout à fait hors de proportion
avec sa valeur réelle, si bien que ce qui reste maintenant en
circulation ne dépasse pas 1 milliard de réaux.

Pour arriver à ce résultat, le Trésor espagnol n'a déboursé,
de 1851 à 1862, que 18 millions par an, soit en totalité
200 millions de réaux.

Supposons, comme nous estimons être fondés à le demander, qu'on nous rembourse au pair ; ce serait une charge
de . . . . R. 1,000,000,000
ajoutée aux.   200,000,000
déboursés jusqu'à présent, soit. . . R. 1,200,000,000
en totalité.

L'ensemble de la Dette étant originairement de 5 milliards de réaux, éteints au moyen de 1 milliard 200 millions, il en résulterait que l'Espagne se serait libérée de cette Dette moyennant 24 pour 100. — La Dette passive, amortie au cours de 90, n'aurait été payée en moyenne que 22 pour 100

»	80,	»	»	20	»
»	70,	»	»	18	»
»	60,	»	»	16	»
»	50,	»	»	14	»

Ainsi, en admettant qu'on offre aux porteurs de passive d'échanger leurs titres, somme pour somme, contre du 3 pour 100 consolidé, ils ne toucheraient en réalité que 14 pour 100 de leur créance originaire, dont les titres ont été cotés dans le temps 70, et après une privation de revenus pendant plus de trente ans.

Enfin, et pour aller au-devant de l'objection, nulle en droit, mais en apparence spécieuse, à savoir : que l'argumentation qui précède, parfaitement juste relativement aux échangistes de 1851, perd de sa force pour ceux d'entre nous qui sont devenus acquéreurs de Dette passive à un cours plus ou moins élevé, postérieurement à 1851, nous allons encore une fois donner la parole à la Commission législative de 1851, qui, dans son exposé des motifs (page 11 des documents de la Dette), s'exprime ainsi :

« On objectera peut-être que, par l'effet du mouvement de la « Bourse, on a perdu la trace de l'origine de cette propriété, et que « le papier reçu par les prêteurs primitifs à un taux plus ou moins « élévé est venu, à la faveur de l'agio, pour un prix infime, dans « les mains des spéculateurs.

« Mais s'il est incontestable que semblable fait a eu lieu plus ou
« moins souvent, il suffit qu'une *partie quelconque* du papier se
« trouve encore dans les mains des possesseurs primitifs, pour *ren-*
« *verser et détruire* la force de cette considération, indépendam-
« ment de ce que la personnalité du créancier ne peut altérer l'es-
« sence du principe, ni les conditions du contrat qui oblige toujours
« envers celui qui se trouve investi du droit inséparable de la légi-
« time possession d'un titre représentatif du solennel engagement
« contracté par le Gouvernement.

« Si à cette considération on ajoute que la décadence actuelle du
« papier naît précisément du défaut de payement des intérêts, quel
« qu'en soit le motif, adopter comme base le prix avili du marché
« serait donner un exemple et établir une théorie non moins oppo-
« sée *à la justice, à la morale et à la dignité du Gouvernement* qu'a-
« larmante pour toute classe de créanciers, et féconde en résultats
« funestes pour le crédit public. »

Notre conclusion sera brève :

Ne devons-nous pas croire le Gouvernement espagnol complétement éclairé par ce long débat, avoir
foi dans sa justice, et attendre, avec la confiance
que donne le droit, la décision des représentants de
cette nation espagnole si digne, si fière, et à bon
droit si jalouse de sa bonne renommée?

Paris, novembre 1862.

PARIS. — IMPRIMERIE DE J. CLAYE, RUE SAINT-BENOIT, 7

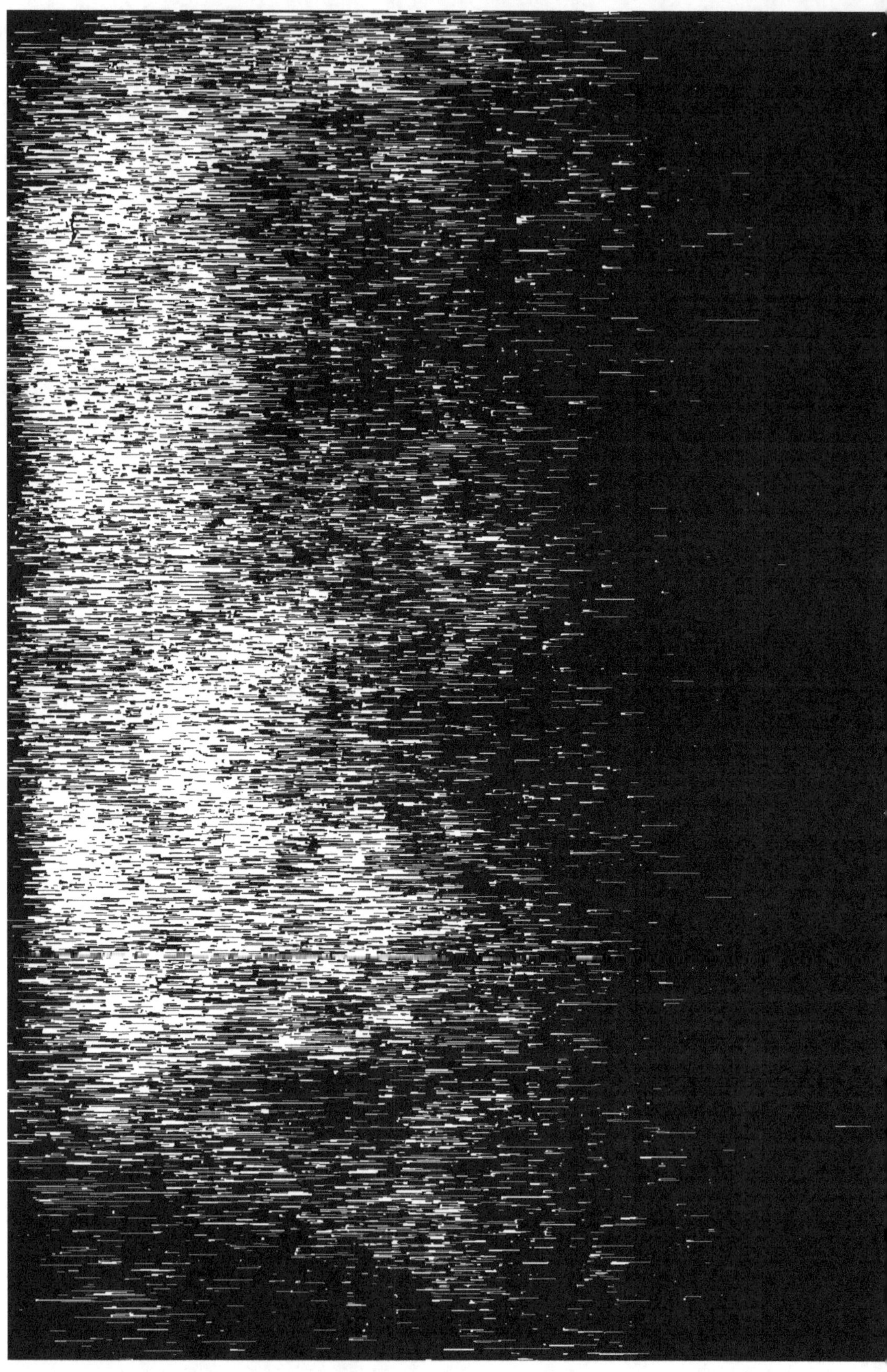

9 782011 617392